AF245410

LES DÉBUTS

DE

L'ENSEIGNEMENT FRANCAIS

AU TONKIN

Par G. DUMOUTIER

Ex-interprète pour l'annamite et le chinois de la Résidence
générale de la République française à Hanoi, Organisateur
et Inspecteur des écoles franco-annamites au Tonkin,
Officier d'Académie, Officier de l'Ordre impérial du Dragon
de l'Annam.

Les lois répriment pour un temps;
L'Enseignement seul enchaine pour jamais
L'Empereur Khang-hi.

HANOI

IMPRIMERIE TYPOGRAPHIQUE F.-H. SCHNEIDER

1887

A LA MÉMOIRE

DE

PAUL BERT

LES DÉBUTS

DE L'ENSEIGNEMENT FRANÇAIS AU TONKIN

PAR M. G. DUMOUTIER,

ORGANISATEUR ET INSPECTEUR DES ÉCOLES FRANCO-ANNAMITES.

Par l'école
Pour la Patrie.

Paul BERT.

Lorsqu'on veut modifier des plantes dans leur forme ou leurs couleurs, on n'a garde de s'attaquer à celles qui sont au terme de leur croissance et ont déjà fructifié, on opère sur les graines, on en soigne, on en dirige la germination et le développement dans des terrains préalablement choisis et préparés.

Il en est de même lorsqu'il s'agit de modifier un peuple. On se briserait à attaquer de front une civilisation vieille de plus de 2,000 ans, comme l'est celle-ci, avec ses routines, ses superstitions, son ignorance soupçonneuse, mais on peut la capter et la diriger dans le sens le plus favorable à ses propres intérêts lorsque, après en avoir approfondi les principes, en étudiant les origines de ses coutumes, de ses institutions, et en les suivant au travers les âges, on conserve ces principes pour en modifier l'application dans les écoles.

« L'école, a dit Luro, est l'instrument le plus puissant, le plus sûr, qui soit à la disposition du conquérant. »

Si nous voulons asseoir définitivement l'influence française dans cette partie du monde, si nous voulons entraîner les peuples Indo-chinois à notre suite, les affranchir, les relever moralement, il faut leur infuser nos idées, leur enseigner notre langue, et c'est par l'école qu'il faut commencer, c'est à l'enfant qu'il faut nous adresser tout d'abord.

Les chinois, nos prédécesseurs dans ce pays, n'ont jamais eu d'autre politique. « L'école, disait Mencius, est la base de la société » et l'empereur Khang-hi disait encore, il y a 200 ans à peine « Les lois répriment pour un temps, l'enseignement seul enchaîne pour jamais. »

C'est ainsi du reste que cette petite horde montagnarde, qui comptait à l'origine cent familles seulement est arrivée à constituer une nation d'un demi milliard d'individus, tellement homogène, tellement unie que ceux qui, comme les Mogols et les Mandchoux ont réussi à la pénétrer et à la subjuguer, se sont vu pénétrer eux-mêmes par cette force d'unité et d'assimilation, à un point tel qu'ils y ont perdu le sentiment de leur nationalité, et jusqu'à leur langue d'origine.

Avec une telle puissance, l'empire du monde eut appartenu à la Chine, si ses institutions, proclamées par elle-même immuables et imperfectibles, lui avaient permis d'être, jusqu'à ces derniers temps, autre chose qu'un peuple stationnaire, une nation figée au milieu de son développement.

Nous nous trouvons au Tonkin en présence d'une race appauvrie par la lutte, affaiblie par la misère, moralement anémiée par l'oppression, mais possédant des qualités de ressort plus que suffisantes pour réagir et, sous l'influence d'une direction ferme et bienveillante, à l'abri d'une protection éclairée, reprendre une place honorable dans le concert des nations modernes.

Le tonkinois possède certaines qualités, je dirai même certains défauts qui rapprochent son caractère du nôtre : insouciance gaie, esprit moqueur, curiosité frisant la badauderie, colères subites, appaisements soudains, bravoure d'une autre nature que la nôtre, plus passive, moins chevaleresque, mais pouvant aller néanmoins, (les annales dynastiques et la dernière guerre en font foi) jusqu'à l'héroïsme, amour du savoir, etc. La langue annamite elle même rappelle, dans la construction des phrases et dans l'emploi de certaines locutions, le langage de nos paysans français.

C'est dire que pas un peuple européen n'est peut être comme nous en état de comprendre les Annamites et de leur servir de guide et d'appui dans le relèvement de leur race et de leur pays.

M. Paul Bert, on le sait, avait compris d'emblée tout le parti qu'il pouvait tirer, par l'école, de ce peuple intelligent et doux.

Dans le vaste plan d'organisation qu'il avait rapidement élaboré, il n'avait pas oublié l'enseignement, et il fondait les plus grandes espérances sur les résultats que devaient produire ici des méthodes bien conçues, sagement et prudemment appliquées.

Avec l'ampleur de vues qui le caractérisait et prenant la chose de très haut, il avait voulu, par la création au Tonkin d'une Académie nationale, grouper tous les hauts lettrés du pays et quelques orientalistes français dans un intérêt commun. Remettre en honneur les grandes assises littéraires triennales; faire connaître aux Annamites les richesses de notre littérature, les ressources de nos sciences; aux Français, l'histoire mouvementée des Annamites, l'origine de leurs croyances, les principes de leur administration et de leur civilisation, toutes choses qui sont plus sérieuses et plus réelles qu'on n'affecte souvent de le croire.

De ces rapports constants, de cette communion intellectuelle sur un terrain d'où les questions brûlantes de la politique étaient soigneusement proscrites, devaient forcément naître une estime, une confiance mutuelle basée sur une connaissance plus approfondie du caractère et des intentions réciproques, et dont il était permis d'augurer les meilleurs résultats.

Confident des espérances du Maître, et intimement associé à cette partie de son œuvre, j'ai pu voir dans mes pérégrinations à travers le Tonkin, à quel point il avait touché juste, et juger de la popularité que cette idée avait d'emblée conquise dans la classe éclairée de la nation.

Le pays comprenait qu'on allait enfin s'occuper de lui, pour lui.

M'étant rendu à cette époque dans une des provinces encore troublées du Delta, et assistant aux fêtes annuelles de Confucius, je fus, de la part des licenciés et des docteurs, au sujet de cette académie dont S. E. le Kinh-luoc les avait entretenus, l'objet des attentions les plus empressées et les plus flatteuses.

Le tong-doc qui, selon l'usage, officiait lui même, assisté des hauts mandarins de la province, fit, à l'issue de la cérémonie, un discours à tous les lettrés rassemblés, pour leur dire quelles mesures prenait le Résident général, lui même un grand lettré dans son pays, pour élever ici le niveau des études, et amener une entente cordiale entre les deux nations.

« Dites au Résident général, me dit à ce sujet l'un des docteurs, que lorsque les habitants des villages connaîtront ses projets et la grande bonté de son cœur, les rebelles ne recruteront plus aussi facilement des partisans. »

Les académiciens annamites qui sont à cela plus intéressés que nous encore, nous aidant de leurs conseils, nous auraient facilité le remaniement prudent et progressif du programme des examens, jusqu'au moment où on aurait pu, sans blesser les traditions populaires, introduire le rudiment des sciences européennes et la langue française dans la toute puissante et jusqu'alors impénétrable université annamite.

J'ai pu m'assurer qu'en cela, la besogne n'aurait pas été aussi difficile qu'elle le paraît à priori, et je suis même persuadé que les plus éclairés d'entre les lettrés de Hué, désirent vivement notre intervention pacifique dans ces matières.

Ce n'est pas un résultat dont nous ayons à nous glorifier, nous n'y sommes personnellement pour rien, c'est chez nos voisins les chinois qu'il faut en chercher la cause, les annamites n'ignorent pas que leur académie créée sous l'influence chinoise et sur le modèle de l'académie de Pékin, s'est laissée depuis longtemps distancer par celle-ci.

Depuis quarante ans la Chine a eu de nombreux et parfois douloureux contacts avec les nations européennes et elle a compris qu'elle ne pouvait plus continuer à se renfermer dans les étroites limites de ses institutions trente fois séculaires et former dans le monde civilisé un monde à part.

Conséquente avec ses principes, avec ses traditions, c'est encore à l'école qu'elle s'est adressée pour amener la réforme qui s'imposait.

Elle a créé à Pékin un collège *occidental* ou d'habiles professeurs européens enseignent les sciences exactes, l'histoire, l'économie politique, le droit international et les langues anglaise, allemande, russe et française; à Fou-tchéou, un vaste établissement qui est autant une faculté des sciences appliquées à l'industrie qu'un puissant arsenal et où l'on enseigne aussi la langue française.

Elle a organisé en Europe et en Amérique des missions chinoises d'instruction, et ses lettrés aujourd'hui tendent à devenir des lettrés et même des savants dans le sens européen du mot. Voilà ce que n'ignorent pas les hommes considérables et intelligents qui sont la tête de la nation annamite, et ce qui me fait dire avec certitude que nous pouvons être assurés de leur concours dans cette circonstance.

L'exemple, du reste, a déjà été donné et partant de haut, chacun sait que S. M. Dong Khanh a manifesté à plusieurs reprises son désir de recevoir des leçons de français, et que de grands dignitaires avaient formé le dessein d'envoyer leurs enfants à l'école spéciale que, sur le modèle de l'école cambodgienne, M. Paul Bert voulait instituer à Paris.

La mort est venue apporter un temps d'arrêt au développement de ces idées généreuses et humanitaires, et retarder l'établissement définitif de cette institution essentielle qu'il serait du grand intérêt des deux pays de faire fonctionner le plus tôt possible.

A l'arrivée de M. Paul Bert au Tonkin, il n'y avait dans tout le pays que trois écoles françaises, moins d'une année après, à l'ouverture de l'Exposition, il y avait :

1 Collège d'interprètes ;
9 Écoles primaires de garçons ;
4 Écoles primaires de filles ;
1 École libre de dessin ;
et 117 Écoles libres de caractères latins.

Sur ce nombre, 42 écoles ont pu obtenir des résultats suffisants pour figurer à l'Exposition de Hanoi.

Le programme du collége des interprètes consiste en exercices de traduction en trois langues, française, annamite, chinoise, analyses grammaticales, arithmétique et géographie élémentaires.

Dans ma pensée, cet établissement est appelé, par la suite, à rendre de grands services à nos administrateurs en créant un corps d'interprètes véritablemen instruits, et à faire réaliser de notables économies budgétaires en supprimant, dans les traductions, l'intermédiaire des lettrés.

Dans l'état actuel des choses, l'interprète qui ne sait pas les caractères et le lettré qui ne sait pas le français ne sont, individuellement, que des demi-valeurs qui se complètent l'une par l'autre.

Cela tient à ce que, d'une part, on n'enseigne pas le français dans les écoles confucéennes et que, d'autre part, l'enseignement des caractères a été pendant longtemps proscrit des écoles de Cochinchine qui, seules ou à peu près, ont alimenté jusqu'alors le Tonkin d'interprètes.

L'expérience a donné la mesure du degré de confiance que l'on doit accorder à ces traductions de traduction. Il dépend de l'ignorance ou de la malveillance d'un lettré, que l'interprète peut rarement contrôler, de compromettre des fonctionnaires et même, ce qui est plus grave, la chose publique ; j'en ai eu bien souvent, et récemment encore , des exemples r· ettables.

En attendant que les fonctionnaires soient en mesure d'exercer le contrôle personnel, il faut diminuer les inconvénients graves résultant de cette situation et faire de l'interprète un lettré en exigeant de lui la connaissance des caractères chinois.

Mais le chinois enseigné dans les écoles de caractères est loin d'être suffisant pour la traduction des pièces officielles. Le chinois diplomatique ou simplement administratif, non seulement est rédigé dans un style particulier, mais encore est hérissé de locutions et de caractères absolument inconnus au chinois des classiques ; or, les classiques seuls constituent la matière de l'enseignement de la langue chinoise dans les écoles du premier degré au Tonkin.

Je dis les écoles du premier degré, parce que nous ne pouvons encore songer à avoir à notre service des agents indigènes sortis des écoles supérieures et pourvus de grades universitaires. Nous sommes dans un pays où ces grades confèrent des charges et des situations, plutôt honorifiques que pécuniaires, mais très enviées, très recherchées, en ce sens que celui qui en est pourvu fait désormais partie de la caste supérieure des lettrés.

Tel bachelier voudra être licencié, tel licencié docteur, parce que ce sont là les degrés du mandarinat.

Nous n'avons et n'aurons pendant longtemps encore, dans nos écoles, que ceux d'entre les Annamites qui n'ont ni l'intelligence, ni les ressources suffisantes pour se préparer, par de longues études, à devenir des mandarins au concours.

Est-ce à dire que nous devons le regretter ?

Oui, au point de vue élevé de l'intérêt politique des deux pays, parce que la présence, dans nos écoles, d'élèves se préparant aux examens littéraires, serait l'indice de la disparition des préjugés qui éloignent encore de nous un grand nombre de lettrés et fait de cette classe une sorte de faction d'opposition.

Ce serait l'aurore de la période désirable que j'entrevoyais plus haut avec l'académie tonkinoise, la transformation de l'esprit du mandarinat, sa modernisation qui ferait du mandarin notre auxiliaire par conviction et non par crainte ou par intérêt.

Non, au point de vue plus spécial et terre à terre des besoins de notre administration, parce qu'en dirigeant vers le but que j'ai indiqué plus haut les jeunes indigènes qui nous sont confiés, en aidant de nos deniers les plus intelligents parmi les pauvres, en enseignant surtout, en matière de chinois et de français, la langue de l'administration et des affaires, nous créons au Protectorat une pépinière d'auxiliaires indigènes autrement plus capables que les interprètes de Saigon, autrement plus aptes à la traduction des pièces officielles que les bacheliers et les licenciés de l'enseignement purement confucéen.

Ce dernier résultat est tout ce qu'il y a de plus facile à obtenir ; il ne s'agit pour cela que de protéger les études, de procéder avec beaucoup de patience, de discipline, et d'esprit de suite.

Il faut surtout que l'Administration évite de prendre, comme elle le fait chaque jour pour en faire des interprètes ou des plantons, les meilleurs élèves des écoles, ceux sur lesquels je compte pour l'avenir : car en procédant ainsi, non seulement elle encombre les services publics d'agents imparfaitement préparés à l'emploi qu'on leur confie et qui ne s'améliorent plus, quoiqu'on en dise, dès qu'ils sont appointés, mais elle empêche encore tout bon résultat de se produire pour l'avenir et stérilise les sacrifices que le Protectorat fait en vue de la formation de bons interprètes.

Dans le programme que j'ai indiqué pour le fonctionnement de ce collége, j'ai surtout insisté sur les vocabulaires de mots et de locutions particuliers à l'administration, à l'armée, à la marine, au commerce, à l'industrie, ainsi que sur des exercices portant sur des extraits de pièces officielles et de documents commerciaux, correspondance, traités, connaissements, factures, etc.

La difficulté de recruter de bons professeurs n'a pas encore permis l'application régulière de ce programme.

Afin d'arriver à une sélection rigoureuse dans le choix des élèves et pour aider les besogneux, j'ai demandé et obtenu la création de cent bourses d'étude pour les indigènes : elles devront être accordées aux meilleurs d'entre ceux des élèves des écoles primaires du Tonkin qui se destinent à l'interprétariat.

Des écoles primaires sont aujourd'hui installées dans toutes les résidences.

Le programme de ces écoles comprend l'enseignement de la langue française, des éléments du calcul, de la géographie et des caractères chinois.

La langue française dont je parle ici, est simplement celle de la conversation. Je recommande sans cesse à mes instituteurs européens de bien se garder ici des méthodes pédagogiques françaises, et, pour appliquer aux Annamites les propres termes du rapport de M. Foncin sur l'école cambodgienne de Paris, de « songer que des théories élevées et rigoureuses sous forme de grammaire, que la science pure, que la multitude des faits de l'histoire et les délicatesses de la littérature n'auraient guère de prises sur l'intelligence de nos indigènes et n'offriraient pas un grand intérêt pour le but que nous poursuivons, qui est d'arriver rapidement à enseigner, au plus grand nombre possible d'Annamites, assez de notre langue et de nos usages pour permettre les relations directes entre eux et nous. »

« Il en est de même pour l'histoire, qui ne doit consister ici qu'à mettre en relief les grandes époques et les grandes figures de notre histoire nationale, et, pour la géographie, qui doit surtout servir à bien faire connaître la France, ses possessions extérieures et les pays où son influence est prépondérante. »

Les écoles primaires sont très fréquentées, surtout depuis l'adjonction au personnel enseignant de professeurs de caractères chinois. Cette mesure a enlevé aux annamites le seul prétexte qu'ils invoquaient pour refuser de nous confier leurs enfants.

Actuellement, toutes les écoles du Tonkin, à l'exception de celles de Nam-dinh, sont dirigées par des annamites. Au point de vue de l'enseignement du français aux annamites un bon maître indigène est naturellement préférable à un maître français qui ne sait pas l'annamite, mais, pour la direction de l'école, pour le maintien de la discipline et aussi pour les répétitions de prononciation, il est, à mon avis, nécessaire d'avoir à la tête de chaque école primaire un maître français.

Il y a, au Tonkin, quatre écoles de filles; deux à Hanoi, une à Nam-dinh, une à Haiphong.

Jusqu'ici ces écoles qui sont surtout fréquentées par des enfants européens, n'ont pas donné, au point de vue indigène, de résultats bien décisifs, une trentaine de petites annamites, cependant, se rendent quotidiennement dans chacune d'elles, mais sans grand enthousiasme.

La cause en est au rôle fait à la femme chez les peuples de l'Extrême-Orient, rôle secondaire, effacé, qui se prête peu au perfectionnement par l'instruction.

Un moyen efficace de combattre cet état de choses, serait de développer encore plus l'enseignement qu'on leur donne des travaux de couture et de confection de vêtements, et qui suffit actuellement à les retenir ; les familles ne tarderaient pas à comprendre l'importance de ces connaissances pratiques, la langue française qu'on leur apprendrait en même temps aurait ainsi quelque chance de pénétrer dans la famille par la femme.

Les écoles libres, dites de quoc-ngu ont pris une large part à l'Exposition de Hanoi, trente-cinq d'entre-elles ont envoyé des cahiers.

C'est un résultat digne d'être remarqué si l'on considère que ces écoles, dont la première date du mois de juillet dernier, n'ont droit qu'à une prime unique qui, jusqu'ici, n'a encore pas été accordée, et que le Protectorat n'en paye ni les maîtres, ni les fournitures scolaires.

On y enseigne les caractères chinois et la transcription de la langue annamite en caractères latins.

Ces écoles ont donné lieu ici comme en Cochinchine, à de nombreuses critiques : mais on peut remarquer que ces critiques ne provenaient jamais que de personnes bien intentionnées sans doute, mais absolument ignorantes des langues annamite et chinoise, du rôle de cette dernière dans les pays annamites, des traditions, méthodes et usages pédagogiques de l'Extrême-Orient et qui, dans leur impatience patriotique, ne voulant voir que le but auquel nous tendons tous sans se préoccuper des moyens restreints dont nous disposons pour l'atteindre, ni de la nature des obstacles que nous avons à surmonter, en viennent, prenant probablement le quoc-ngu pour une langue à part ou le confondant avec le *volapuk*, à proposer de n'autoriser au Tonkin que l'enseignement direct et général de la langue française.

Ce serait, certes, un moyen expéditif de franciser le Tonkin, un véritable coup de canon... Malheureusement, si les coups de de canon sont indispensables à la pacification, il faut avouer que ce sont de détestables agents de persuation et d'assimilation.

Ici moins qu'ailleurs, on ne prend les mouches avec du vinaigre, et il faut n'avoir aucune idée de la constitution des pays de civilisation chinoise pour croire qu'on obtiendrait un résultat durable avec ce procédé.

Ah! si nous étions plus riches! peut être trouverait-on un moyen de précipiter l'évolution que nous désirons tous, mais le budget de l'instruction publique au Tonkin pour l'exercice courant, et les prévisions pour l'année prochaine n'arrivent pas à 15 centimes par habitant. Il nous faut donc aller doucement, et nous contenter d'employer les moyens persuasifs qui sont les moins coûteux et aussi les plus politiques et les plus sûrs.

Dans tout ce que nous lui verrons faire pour se rapprocher de nous, l'Annamite, soyons en persuadés, ne sera pendant longtemps encore guidé que par son propre intérêt, et non par l'affection qu'il nous porte.

Nos écoles des villes sont prospères parce que l'habitant nous connait mieux et sait tout ce qu'il peut retirer de profit à notre contact s'il sait notre langue; aussi voit-on, dans les écoles de français de Hanoi, des industriels indigènes, pères de famille, venir s'asseoir sur les mêmes bancs que leurs enfants pour étudier les mêmes leçons.

Le paysan de la rizière qui, il faut bien le dire quoi qu'il en coûte à notre amour propre, ne nous connait encore que par ce qu'il a souffert de notre fait, comprendra plus difficilement qu'il doit, indépendamment du temps nécessaire à ses études traditionnelles qui lui sont indispensables, consacrer au moins deux années à l'étude d'une langue qui n'est parlée dans son pays que par des fonctionnaires dont il ne relève pas directement, et un très petit nombre d'étrangers habitant les citadelles et avec lesquels il craint d'avoir des relations.

Quant au tonkinois plus aisé, plus éclairé, il considère encore l'étude du français comme un art d'agrément, et tous sont persuadés qu'en cela, c'est plus notre intérêt que le leur que nous cherchons.

En attendant le jour où nous les aurons fait changer d'avis, il nous faut prendre un moyen terme et les habituer, le plus économiquement possible, à notre intervention en matière d'enseignement. Le système de transcription de la langue annamite vulgaire en caractères latins que nous appelons je ne sais trop pourquoi *quoc-ngu* nous amène à ce résultat.

Si les annamites arrivent en foule dans les écoles de caractères romains, c'est qu'ils en retirent, en très peu de temps, un sérieux avantage, celui de pouvoir rapidement écrire leur langue au moyen d'un alphabet invariable et qui fixe mieux les sons et les intonations, sinon les idées que les hiéroglyphes démotiques de la langue vulgaire

Une chose qu'ignorent la plupart des adversaires du quoc-ngu (puisqu'il est admis que les caractères romains ont des adversaires), c'est que la langue annamite ne s'écrit pas avec des caractères chinois; que, bien qu'il y ait une ressemblance apparente et que, de fait, l'écriture annamite ou *chu nôm* procède d'éléments chinois, le chinois lettré qui parle l'annamite n'en sait pas lire l'écriture.

A l'encontre des caractères chinois qui sont immuables, ces hiéroglyphes ne sont fixés par aucune règle; leur orthographe, ou plutôt leur combinaison graphique, est absolument laissée à la disposition de l'écrivain, de sorte que, non seulement les *chu nôm* diffèrent de Saigon à Hué et de Hué à Hanoi, mais ils diffèrent, dans chaque localité, d'un individu à l'autre. Chacun est libre de composer son *chu nôm* comme il lui plaît, d'en prendre arbitrairement le radical ou la phonétique dans le groupe chinois qui lui convient, ce qui constitue parfois la confusion la plus diabolique qu'on puisse rêver.

C'est pourquoi les pièces officielles sont écrites en chinois.

Au moyen du quoc-ngu, le paysan le plus illettré apprend à écrire à peu près bien sa langue en moins de deux mois; ce résultat le stupéfie lui-même, cela suffit à expliquer le succès qu'a rencontré la méthode.

Il y a aujourd'hui (1er juin 1887) au Tonkin, près de 140 écoles de quoc-ngu, toutes sont fréquentées et les adultes y sont en immense majorité; on a pu voir, à l'Exposition de Hanoi, des cahiers d'élèves de 45, 49 et 52 ans. Dans la seule province de Hanoi, je compte, pour les écoles libres, plus de 200 élèves au-dessus de 30 ans; pour le plus grand nombre, ce sont de très pauvres gens qui ne peuvent venir à l'école qu'un jour sur deux, obligés qu'ils sont de pourvoir, dans l'intervalle, à leur nourriture et à celle de leur famille.

Une autre question se pose, celle de savoir si l'influence française peut retirer de cet enseignement un avantage quelconque.

Incontestablement oui; il a d'abord l'avantage de ne rien coûter au Protectorat; il établit partout, et jusque dans les villages les plus éloignés en dehors des résidences et des postes, une maison presque française sur laquelle flotte le drapeau tricolore, cela habitue à le voir, et, lorsque je retourne inspecter ces écoles, je remarque toujours une attitude moins hostile, plus confiante de la part de la population; les portes ne se ferment plus à mon approche : c'est un progrès.

D'autre part, la langue annamite, transcrite en caractères latins, peut être lue par tout le monde et facilement traduite à coups de dictionnaire par n'importe quel administrateur ; l'intermédiaire du lettré devient, dès lors, inutile et celui de l'interprète moins obligatoire

A un autre point de vue, pour ceux de nos fonctionnaires que ne rebute pas un petit excédant de travail, l'étude de l'annamite, débarrassé des hiéroglyphes, se réduit aux proportions de l'étude d'une langue européenne. Si l'on veut arriver à un résultat immédiat, au point de vue administratif, à une entente rapide entre l'indigène et le fonctionnaire, on ne contestera pas que ce soit là le seul moyen. Il est plus facile et plus prompt d'enseigner l'annamite à cinquante Français que d'enseigner le français à des millions d'Annamites.

Le jour où tous les résidents parleront l'annamite, il n'y aura plus de théories contre le quoc-ngu.

J'ai lu sur une note au sujet de l'Exposition de Hanoi que l'étude des caractères latins était de nature à éloigner l'indigène de l'étude du français ; or, c'est sur la pétition des élèves de quoc-ngu de Ninh-binh, de Hai-duong et de Hung-yen que j'ai envoyé des maîtres de français et fondé des écoles primaires dans ces localités. A Hanoi et à Nam-dinh, les adultes sortis du cours de quoc-ngu ont demandé l'ouverture d'un cours de français : la pétition est aux archives de la Résidence générale.

Le cours d'adultes de Hanoi, alimenté par les élèves sortant du cours de quoc-ngu, fonctionne depuis quatre mois, tous les jours, de 2 à 5 heures, au Camp de la marine, avec une moyenne de 120 élèves.

L'expérience a donc prouvé que le système d'enseignement arrêté par M. le Résident général Paul Bert, et qu'il m'a chargé d'appliquer au Tonkin, est de nature à produire des résultats féconds et durables en ce sens que, sans rien brutaliser, il assure le présent et prépare l'avenir.

Pour remplir la mission qui m'était confiée, j'ai pendant dix mois parcouru le pays dans tous les sens, depuis les frontières du Quang-tong, jusqu'au fond de la rivière Noire, j'ai eu d'innombrables conférences avec tous les mandarins provinciaux depuis les tong-doc jusqu'aux chefs de village, j'ai entendu leurs objections, leur doléances, leurs desiderata, et j'ai pu me convaincre de la vérité de ce que j'avance ici.

Le tonkinois, au premier abord d'une défiance excessive, s'abandonne assez volontiers avec qui sait le comprendre, lui parler de ses intérêts dans sa propre langue, et paraît professer un certain respect pour ses traditions, ses croyances, ses habitudes.

Il est absolument indispensable pour administrer ce peuple, de le faire suivant ses mœurs, quelque extraordinaires qu'elles nous paraissent et non suivant nos routines qu'il a le droit de trouver encore plus incompréhensibles.

Arriver progressivement à diminuer l'influence chinoise et à la remplacer par l'influence française acceptée et non plus subie par les indigènes, est une œuvre de longue haleine, une œuvre de patiente et prudente administration pour le succès de laquelle il faut se garder de procéder par à-coups et d'imposer quoi que ce soit à la population.

« Pour que la langue française, dit M. Landes, un des hommes les plus autorisés dans la matière, réussisse à pénétrer jusqu'aux classes inférieures de la population, il faut qu'il se créé, parmi les indigènes, un milieu de gens parlant français qui répandront la langue autour d'eux ; mais il ne faut pas croire que là ou l'influence de l'intérêt n'existe pas on devancera l'œuvre du temps. C'est un travail de propagande qui exige l'influence de l'exemple. »

« La Gaule et l'Espagne, nous dit-il encore, ont été profondément latinisées, mais il a fallu pour cela 400 ans d'occupation effective. » Nous disposons ici de moyens d'action plus perfectionnés, mais nous sommes loin d'occuper effectivement tous les points du Tonkin. A part Hanoi et Haiphong, où sont les centres européens, où la langue française pourrait se propager par l'influence de l'exemple ?

Certaines personnes, trop pressées, croient avancer la solution du problème en proscrivant le chinois des écoles françaises. C'est un système qui n'a guère réussi à la Cochinchine : ce serait ici une maladresse inouïe, une faute politique dont nous porterions longtemps la peine.

Écoutons ce que disait, il y a quelques années, le regretté Luro, au cours de langue et d'administration annamite qu'il faisait à Saïgon, cours qui a rendu tant de services à la Cochinchine et qui nous fait tant défaut au Tonkin !

On avait, en Cochinchine, prohibé l'enseignement du chinois dans les écoles coloniales.

... « Revenu chez lui, l'enfant fait l'étonnement de sa famille par son ignorance. Il jette aux orties le bagage inutile qu'il a appris, qui ne peut lui servir dans ses affaires de tous les jours. Ayant perdu un temps précieux pour son instruction, il retourne à l'étude des caractères si déjà, à cause de son âge, les travaux des champs ne l'appellent. En vérité, le résultat de nos écoles est presque nul ! »

Et plus loin :

« Je ne désire pas la perpétuation de l'usage des hiéroglyphes, mais je soutiens que pour arriver à les détruire (si c'est

possible), il faut les connaître afin de diriger le mouvement
avec prudence et connaissance de cause. Je reconnais qu'ils ne
peuvent être remplacés absolument avant qu'une langue vulgaire
plus complète se soit créée. Je sais que le seul véhicule pour
passer de l'annamite au français est l'usage des caractères latins
et je constate que tout ce que nous avons fait jusqu'à présent
pour répandre les caractères latins a donné de piètres résultats
parce qu'en banissant l'enseignement de la langue mandarine
de nos écoles, celles-ci se sont trouvées dans un état d'infériorité
d'instruction trop marquée. Enfin je prétends que la substitution radicale d'une écriture à une autre ne dépend pas d'un
arrêté du gouvernement, dont la volonté viendra se briser contre la force d'inertie du peuple et la toute puissance des usages
commerciaux. Cette transformation, croyez le, est une affaire de
temps, de patience et peut-être un peu d'organisation adminis-
trative. »

Une chose à laquelle il faut prendre garde dans ces questions
de substitution d'enseignement c'est de ne pas séparer l'éducation de l'instruction, sous peine d'abaisser le niveau moral du
pays et de ne produire que des gens sans cœur et sans cons-
cience, ce qui serait très préjudiciable à nos propres intérêts.

L'enseignement des caractères chinois se fait, dans les écoles
annamites au moyen des livres des moralistes et des philosophes
chinois, à part les livres de religion des missionnaires qui ne
s'adressent qu'aux catholiques, nous n'avons rien pour remplacer au point de vue éducateur Confucius et les autres. Gardons-
nous donc d'y toucher quant à présent, car « la suppression
de l'enseignement du chinois équivaudrait en fait à la suppression
de l'enseignement de la morale » (1), cela ne sera possible, au cas
ou il serait prouvé que c'est nécessaire que le jour où on aura
composé de petits traités en langue annamite, dans lesquels on fera
successivement intervenir toutes les matières traitées par les philosophes chinois, mais en les rajeunissant, en les mettant au point.

On y introduirait ensuite, avec les éléments des sciences modernes, les idées et les opinions que nous voudrions répandre
chez les annamites.

La diffusion du quoc-ngu dans le peuple sera alors un ex-
cellent véhicule pour cette substitution et cette propagande.
C'est ainsi du reste que les missionnaires ont agi pour leur propagande religieuse et nous pouvons nous fier ici à leur expérience du pays et de la matière.

La question de l'enseignement dans un pays neuf pour nous
comme l'est celui-ci est, on le voit, une question très complexe

____

(1) Landes.

et très délicate ; c'est de plus une question des plus importantes
car il n'est pas téméraire d'affirmer que le Tonkin sera ce que
seront les enfants dont l'éducation nous est en ce moment confiée

Un dernier mot, et ici je m'adresse à mes auxiliaires, aux
instituteurs français sur qui je compte pour mener à bien
l'œuvre commencée.

Il ne suffit pas d'enseigner ce que l'on sait, il faut travailler
constamment à perfectionner les connaissances que l'on a et
chercher à acquérir des connaissances nouvelles. Il faut surtout
étudier le peuple au milieu duquel nous vivons, l'étudier dans son
administration, dans ses mœurs, dans sa langue afin d'obtenir
sa confiance, il n'y a pas de pédagogie possible sans cela, « Sou-
venez-vous, disait Luro, qui restera notre maître à tous dans ce
pays d'Indo Chine, que la base de l'influence morale, mère du
commandement, est dans le savoir, le sentiment du devoir, le
respect de soi-même. »

Hanoi le 3 juin 1887.

G. DUMOUTIER.

EXTRAIT *de la lettre de M. Paul Bert au Résident supérieur, en date du
1er juillet 1886, lui notifiant la nomination de M. Dumoutier, interprète de la Résidence générale, comme organisateur et inspecteur des
écoles franco-annamites au Tonkin.*

Hanoi, le 1er juillet 1886.

Monsieur le Résident supérieur,

. . . .

Je résume ci-dessous les idées générales qui devront diriger la conduite
du fonctionnaire chargé du service de l'enseignement.

Le but que nous voulons atteindre est d'établir rapidement des relations
directes, les plus nombreuses possibles entre le peuple annamite et nous
en répandant l'usage de notre langue ainsi que la connaissance de nos
mœurs et de nos sciences. Mais il faut se garder des excès dans lesquels
sont tombées trop souvent les écoles coloniales : l'abus de grammaire, d'arithmétique, d'histoire, de calligraphie, etc.... On devra, par exemple, proscrire
de l'école élémentaire les exercices d'analyse, soit logique soit gramma-
ticale, incompréhensibles pour l'enfant et qui détournent le maître de son
véritable but. L'instituteur s'efforcera d'apprendre aux élèves le plus de mots
usuels possible, en se servant pour construire les phrases des formules simples
qui sont, du reste, en rapport avec la syntaxe annamite. Consacrant ainsi
moins de temps à chaque élève, il pourra, dans une même période, en
former un plus grand nombre.

C'est dans les cours supérieurs ou dans les écoles spéciales qu'on pourra
perfectionner chez un petit nombre d'élèves bien doués la connaissance de
la langue et de l'écriture, en vue de former des interprètes et des employés.
L'école élémentaire a des visées plus modestes en qualité, plus ambitieuses
en quantité.

L'étude de la lecture des lettres françaises rendra très facile celle des
caractères dits *Quoc ngu*; il conviendra d'y habituer les enfants annamites
et un cours régulier devra avoir lieu dans chaque école.

Il en sera de même pour un cours de caractères chinois, si les enfants annamites sortaient de nos établissements sans pouvoir lire et écrire les caractères les plus usuels, ceux dont ils auront besoin dans leur contact avec leurs compatriotes et les Chinois tous les jours de leur vie, ils seraient devenus des étrangers dans leur propre pays et, du reste, nos écoles ne trouveraient aucun recrutement.

Ainsi, l'école franco-annamite devra être dirigée par un Français, aidé par un ou plusieurs adjoints annamites chargés d'enseigner l'écriture quoc-ngu et les caractères chinois.

Il sera établi de telles écoles dans tous les endroits ou cela sera possible et autant que le permettra le recrutement du personnel, on fera appel à toutes les bonnes volontés, sans s'astreindre aux exigences de diplômes français, et en tenant grand compte de la connaissance plus ou moins approfondie de la langue annamite.

La possibilité pour les indigènes de lire et d'écrire en caractères quoc-ngu, a pour nous un très grand intérêt ; nos fonctionnaires, nos négociants pourront apprendre très aisément cette notation, et nos relations avec les indigènes deviendront ainsi bien plus faciles ; aussi convient-il d'en encourager l'enseignement non seulement dans nos écoles, mais dans les écoles indigènes.

Ici, nous ne pouvons plus agir directement ; mais, cependant, certains moyens me semblent devoir être assez efficaces : on pourrait, du reste, les essayer à Hanoi d'abord.

Des cours pourraient être ouverts, auxquels on inviterait les instituteurs annamites à assister ; à ceux qui, au bout d'un certain temps, sauraient lire et écrire en quoc-ngu, on donnerait un brevet et une prime en argent.

Puis on leur ferait savoir que s'ils enseignent dans leurs écoles ce qu'ils viennent d'apprendre, il leur sera alloué une petite somme par chaque élève capable de subir un certain examen.

De la sorte, on arriverait, je pense, à quelques résultats, surtout si l'autorité annamite donnait des conseils dans le même sens et c'est ce à quoi il faudrait aviser.

En résumé : 1º dans les écoles annamites, favoriser l'introduction du quoc-ngu et ses progrès qui seront certainement lents ;

2º Dans les écoles franco-annamites, écarter de l'enseignement français tout ce qui est pédantisme ou tendance exagérée au perfectionnement, enseigner le quoc-ngu et les caractères usuels.

Le Résident général.

PAUL BERT.

CRÉATION D'UNE ACADÉMIE TONKINOISE

Le Résident général de la République française en Annam et au Tonkin, membre de l'Institut,

Voulant faire revivre, dans ce pays depuis si longtemps troublé, le goût des sciences et des lettres, et soucieux de conserver à la nation tonkinoise les vestiges de son passé glorieux, comme aussi de réunir les témoignages dispersés de son antique splendeur :
Sur la proposition du Résident supérieur,

ARRÊTE :

Article premier. — Il est créé au Tonkin un corps savant qui prend la dénomination de Bac-ki-han-lam-vien (académie tonkinoise).

Art. 2. — Son siége est à Hanoi.

Le Bac-ki-han-lam-vien aura pour mission de :

Rechercher et réunir tout ce qui intéresse, à un point de vue quelconque, le pays tonkinois.

Veiller à la conservation des monuments.

Initier le peuple à la connaissance des sciences modernes et des progrès de la civilisation en faisant traduire et publier, en langue annamite, des résumés pratiques des livres européens.

Faire traduire et publier, en langue française, les extraits les plus importants des annales dynastiques tonkinoises, ainsi que les autres ouvrages qui auront été désignés par une commission d'études.

Concourir à la formation de bibliothèques publiques dans les villes et d'une bibliothèque nationale à Hanoi.

Prendre des mesures pour la conservation des stèles, inscriptions et monuments quelconques épars sur le territoire, de les rechercher, de les signaler, de les faire transporter en lieu sûr lorsqu'ils se trouveront dans des pagodes ruinées ou hors de l'action d'une protection efficace.

Rédiger et publier un bulletin mensuel dans lequel seront traitées des questions scientifiques, littéraires, économiques, techniques.

Se mettre en relation avec toutes les sociétés orientales d'Europe et d'Asie, afin d'être constamment au courant des travaux des savants spéciaux qui s'occupent du pays.

Art. 3. — Le Bac-ki-han-lam-vien étant un institut national, devra comprendre parmi ses membres l'élite de la nation tonkinoise (des savants tonkinois).

Il sera composé de membres titulaires au nombre de quarante et de correspondants en nombre illimité.

La haute dignité de membre du Han-lam sera conférée par M. le Résident général.

Pour l'obtenir, les savants tonkinois devront être pourvus des grades universitaires de docteur (Cat-si et Tien-si) ou de licencié (Cuu-nhon).

Les correspondants seront admis par un vote des membres titulaires, sur la présentation de deux d'entre eux, et à la majorité absolue des votants.

Les bacheliers (Tuu-tay) et tous les mandarins jusqu'au 7e degré inclusivement pourront être correspondants.

Leur admission sera soumise à la ratification de M. le Résident général.

Les membres titulaires recevront un diplôme rédigé en langue française et caractères chinois, et, comme insigne de leur dignité, il leur sera remis une médaille ou un emblème qu'ils porteront au cou ou à la boutonnière.

Les correspondants recevront le diplôme seulement ; ils pourront déposer des manuscrits, proposer des motions, ils assisteront aux assemblées générales, mais n'auront pas voix délibérative.

Art. 4. — La présidence du Bac-ki-han-lam appartient de droit à M. le Résident général.

Il sera assisté d'un vice-président tonkinois et de deux secrétaires, l'un Français, l'autre indigène.

Art. 5. — Il est interdit, dans les réunions et dans les publications, de s'occuper de politique et de discuter les actes du gouvernement, ni aucune autre question d'intérêt privé.

Hanoi, le 3 juillet 1886.

PAUL BERT.

Documents manquants (pages, cahiers...)

NF Z 43-120-13

www.ingramcontent.com/pod-product-compliance
Lightning Source LLC
Chambersburg PA
CBHW061818060726
47597CB00008B/3259